哈佛·柏拉图学习法

Hafo Bolatu Xuexifa

徐 靖 ◎ 著

自主学习 自我培养 基于组织的个体学习法

与柏拉图为友，与亚里士多德为友，更与真理为友。
——哈佛校训

一位哈佛大学中国地区面试官的学习建议
北大、哈佛学子的学习方法总结

陕西出版传媒集团
陕西科学技术出版社

图书在版编目（CIP）数据

哈佛·柏拉图学习法/徐靖著.—西安：陕西科学技术出版社.2013.4
ISBN 978-7-5369-5484-7

Ⅰ.哈… Ⅱ.①徐… Ⅲ.①高等学校-入学考试-经验-国外②高中生-学习方法 Ⅳ.①G632.474

中国版本图书馆CIP数据核字（2012）第162535号

哈佛·柏拉图学习法

出 版 者	陕西出版传媒集团 陕西科学技术出版社
	西安北大街131号 邮编 710003
	电话 (029)87211894 传真 (029) 87218236
	http://www.snstp.com
发 行 者	陕西出版传媒集团 陕西科学技术出版社
	电话 (029)87212206 87260001
印 刷	陕西金和印务有限公司
规 格	787mm×1092mm 16开本
印 张	7.75
字 数	100千字
版 次	2013年4月第1版
	2013年4月第1次印刷
书 号	ISBN 978-7-5369-5484-7
定 价	35.00元

版权所有 翻印必究
（如有印装质量问题，请与我社发行部联系调换）

序

在有些人看来，考上北大、清华，简直易如反掌，至少考上名牌大学是件很轻松的事情。可是，在更多人看来，能够上一本线就已经了不起了，要想上名牌大学那就更成了梦想之中的事。

作为本书的作者，自己不小心成了"有些人"。这么多年来，看到很多同学在高考前努力学习，含辛茹苦，看到很多父母为了子女的成绩焦急万分，他们用功、努力，却收效甚微，天天努力，却永远达不到目标。

有些同学和朋友，会来找我沟通学习方法，我一般会努力抽出时间尽可能给他们讲解。事实表明，这些同学和朋友在恍然大悟之后，往往能够在学习上迅速进步。但是我不可能给很多人去讲课，因为这不是我的职业。

因此，和我交流过的同学或其家长一致劝我，要把这些简单有效却又很科学的学习方法告诉大家，写成书。至少，这也是对社会做的贡献。

希望看完本书之后，同学们能有所收获，在学习效率上、进度上能有质的提升。比如学会整理草稿本而不会再浪费时间去编写错题集；比如能够互相欣赏、互相合作、共同学习，而不会一个人再去熬夜；比如知道背英文课文的正确方法，是要能复述到任何一句话都与原文不同，而不要简单地死记硬背原文，等等。

总之，方法科学，简单实用，相信同学们看完后会有恍然大悟的感觉。你们至少会觉得，去北大、哈佛原来可以很简单。

徐　靖
2013年3月

第一章 问题——你能不能上名牌大学

1. 两道极其简单的题目：其实很多基础知识学生都没有掌握。 / 004

2. 眼保健操：科学道理很多人似懂非懂，而简单的改变可以影响一生。 / 007

3. 效率曲线：为什么有些学生天天努力，却永远达不到目标？ / 009

第二章 原因——你应该知道的学习理论

1. 扎根理论：学习的本质在于概念的抽象与概括能力。/016

2. 超级的学习高度：普通高校毕业的老师为什么能教出考上名校的学生？ / 017

3. 高原效应：为什么坚持就是胜利？ / 021

4. 马太效应：为什么有些人始终是第一？　/025

5. 自我培养：自己对自己负责，自己培养自己。　/028

第三章　方法——现在就采取行动

1. 基于扎根理论学会自己讲课与互相讲课。　/036

2. 建立自己的超级学习高度。　/041

3. 基于高原效应建立学习的信心和恒心。　/047

4. 利用马太效应，营造良性循环。　/050

5. 通过自我培养取得卓越成绩。　/055

第四章　技巧——细节决定成败

1. 数理化学习技巧。　/068

2. 英语学习技巧。　/074

第五章　团队——你不能一个人战斗

1. 基于组织的个体学习法：个体努力，团体制胜。　/ 086
2. 建立自己的学习团队：合作、共赢，对手在校外。　/ 088
3. 团队学习心态：开放、乐观、乐于帮助别人，见到他人进步，才能最终自己进步。　/ 090
4. 榜样的力量。　/ 091

第六章　经验之谈——中国哈佛考生如何面试

1. 哈佛喜欢什么样的学生？　/ 097
2. 如何准备哈佛面试？　/ 103
3. 哈佛2012年在中国的招生情况。　/ 109
4. 哈佛游学：不得不感受的哈佛图书馆。　/ 111

哈佛纪念教堂

第一章 问题

——你能不能上名牌大学

你为什么考不上清华、北大、哈佛

1. 两道极其简单的题目：其实很多基础知识学生都没有掌握。

请试着完成下面两道基础数学题：

（1）集合的定义是什么？

对于此题，很多学生都似懂非懂（如下面这几幅图所示），总会为自己开脱说"虽然我不能准确地说出定义，但是我会做题"。而真正掌握基础知识的学生从来不这样说，他们会很明确地讲出具体定义。

> 集合的定义：
> 一类(组)相同或相似元素的组合

> 具有某种相同特性的元素

> 有相同之处的特殊集合体

> 集合：把很多不同的事物放在一起，并把这些全部看作一个整体

（2）求方程 $ax^2+bx+c=0$ 的解。

对于此题，很多学生采用了如下的解法（如下面这几幅图所示）。你在解这道题时，是不是也犯了同样的错误？

$ax^2+bx+c=0$ （a、b、c为常数，求x的值）

$\Delta = b^2-4ac$

$x_1 = \dfrac{-b+\sqrt{b^2-4ac}}{2a} \quad x_2 = \dfrac{-b-\sqrt{b^2-4ac}}{2a}$

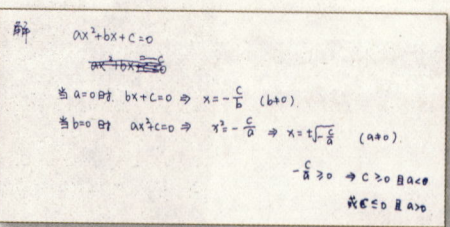

从这里启程，走向北大，走向哈佛

```
ax²+bx+c=0    (a,b,c为常数, 未知的值)
   ax²+bx+c=0
⇒  x² + b/a x + c/a =0
⇒  (x+ b/2a)² + c/a - b²/4a² =0
⇒  cx
当a=0    bx+c=0   x=-c/b
当a>0           x= -b±√(b²-4ac)/2a
```

让我们来看看正确的解答过程：

（1）集合：是具有某种特定性质的事物的总体。

　　注：很多同学往往会说一句话："虽然我讲不全，但是我会做题。"这其实是缺乏概念的抽象能力。

（2）在实数范围内解方程 $ax^2+bx+c=0$。

解：当 $a\neq 0$，$b^2-4ac>0$ 时，

$$x=\frac{-b\pm\sqrt{b^2-4ac}}{2a};$$

当 $a\neq 0$，$b^2-4ac=0$ 时，$x=-(b/2a)$；

当 $a\neq 0$，$b^2-4ac<0$ 时，无解；

当 $a=0$，$b\neq 0$ 时，$x=-(c/b)$；

当 $a=0$，$b=0$，$c\neq 0$ 时，无解；

当 $a=0$，$b=0$，$c=0$ 时，x 取任意实数。

　　注：很多人做不出、做不完整，是因为缺乏条理性。

其实这两道题考查的就是基础知识，基础知识是最基本的知识技能，就像盖房子时打地基一样，没有坚实的地基，就不能盖出稳固的大厦。只要把这些基础知识掌握牢固，解答相关知识点的难题就会变得非常容易。如果一个学生能以清晰的概念思路、完整的条理方法来完成这两道题目，那么他就具备了进入北大、哈佛的基本素质。其实每个北大、哈佛名校生也都是普通人，他们的过人之处，就是比别人更注重基础知识的掌握和理解。

> 小实验：请大家打电话给考上大学的学长、学姐，问问他们"什么是集合"，你们会发现这样的有趣现象，那就是：只有北大、清华的学生会非常准确地说出集合的概念，而北大、清华两个学校之外的学生，基本上都说不清楚。

实验是要让大家思考，为什么会有这样的现象？对集合的概念不清晰，其实就意味着高中所学的其他很多概念全都不清晰，而北大、清华的学生能讲清楚集合的概念，就意味着比别人在其他很多概念上掌握得更扎实。这就是区别。

2. 眼保健操：科学道理很多人似懂非懂，而简单的改变可以影响一生。

眼保健操作为一项预防青少年近视的眼部保健操，会伴随着每个人的小学、中学、高中学习生涯。但是全国上千万中小学生，每个学生都会做眼保健操吗？相信90%以上的学生都会回答"会"。然而即使每天都做眼保健操，仍有超过50%的中小学生有不同程度的近视。这并不是说明眼保健操只是形式主义，起不到预防近视的作用。事实上是大多数的学生没有真正重视，也没有科学准确地做眼保健操。

那么，正确的眼保健操应该怎么做呢？必须有酸胀感这是重要标准！首先，两眼自然闭上，然后依次按摩眼睛周围的各个穴位。注意取穴准确，手法轻缓，力度适中，以局部有酸胀感为度。可是，又有几个学生知道要有酸胀感呢？没有酸胀感，做眼保健操就是无效的，学生们只是轻描淡写地做眼保健操，既起不到让眼睛放松休息的作用，更不能达到预防近视的目的。

小实验：请拿起电话问问你的同学，看看他们知不知道如何正确地做眼保健操。

一切科学有效的方法其实都是简单的，只是看你是否能够真正做到！

3. 效率曲线：为什么有些学生天天努力，却永远达不到目标？

从学习效率曲线看为什么永远达不到学习目标

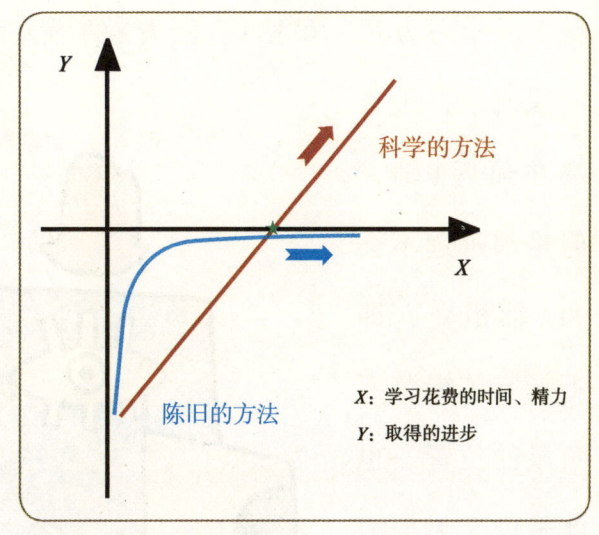

很多学生在学习过程中都有过如下痛苦的经历：每天很努力地学习，每天都有进步，比如又多背了一个单词，又攻克了一道难题，但却一直达不到理想的目标，为此苦恼不已。这是为什么呢？我们将这种现象称为遭遇学习效率曲线。该曲线为函数$f(x)=-(1/x)$的正半轴图像（如图中蓝色曲线所示）。X轴代表学习花费的时间、精力，Y轴代表取得的学习进步，红线与X轴相交处（如图中绿色五角星所示），我们称之为到达理想目标的突破点。

如果我们有科学的学习方法，那么当学习花费的时间和投入的精力越多的时候，即X越大，取得的学习进步也会相应增大（如图中红色直线所示），即Y增大；然而若没有科学的学习方法，虽然Y会随着X的增大而增大，如同蓝色曲线所示，天天都在逼近X轴，但是却永远不会和X轴相交，即不能突破绿色五角星的位置，也就是说天天努力也永远达不到学习的理想目标。

遭遇学习效率曲线的同学，往往将成绩不理

从这里启程，走向北大，走向哈佛

想的原因归结为自己学习得不够努力，他们为了提高成绩会加倍努力地学习，甚至废寝忘食，成绩可能会有所进步，却总是没有质的突破。大家想一下，按照蓝色曲线再努力，天天逼近 X 轴，但可能碰到 X 轴吗？不能突破，是因为机制，就是学习方法不科学所致。其实遭遇学习效率曲线的根本原因是学习方法的问题。学习方法会直接影响到学习效果，就像一个人的坐姿、站姿等会直接影响到人的形象气质一样。虽然坐直了与弯着腰只是很小的区别，却会完全颠覆一个人的形象气质。

所以，当遭遇学习效率曲线的时候，你需要分析自己的学习方法，如果找不到问题，就向比自己成绩好的同学学习或请教。如果你找到了学习方法的问题并能加以调整、改进的话，那么你的学习成绩将在短时间内取得明显的突破。

思考：通过做前面的两道基础题，你有什么感悟？你接下来将会怎样做呢？

你的感悟：_____

_____

你接下来的做法：_____

_____

思考：通过做眼保健操的案例，你有什么感悟？

你的感悟：_____

_____

你接下来的做法：_____

_____

思考：通过学习效率曲线的案例，你有什么感悟？

你的感悟：_____

_____

你接下来的做法：_____

_____

第二章 原因

——你应该知道的学习理论

哈佛Widener 图书馆

你应该知道的学习理论

1. 扎根理论：学习的本质在于概念的抽象与概括能力。

在学习中，对基本概念的掌握是最基础、最重要的，只有基础扎实、根基扎牢，才能有机会考入一流名校。我们来做一个比喻：将每一个科目里的基本概念和基础知识比喻成一棵树的树根，将从基本概念和基础知识延伸出的不同类型的题目比喻成树干，树根只有向下扎得越深、越牢靠，树干才会生长得越

旺盛。同理，只有深入理解和掌握基本概念与基础知识，才能条理清晰地、全面地解答不同类型的题目。经常会有同学认为"虽然我不是很懂基础概念，但是我只要会做题目就可以了"，其实这是一个舍本逐末的误区。高考题其实都不难，所谓难的综合题是将多个知识点叠加起来考的，考生往往简单题目丢分，难题做不出来，就是因为对基础概念不清楚、基本功不扎实，因此失分，从而与名校失之交臂。扎根理论就是要强调对基础知识的掌握是非常重要的：所有的基础知识都是你认为非常简单的，但是你却没有掌握它。

2.超级的学习高度：普通高校毕业的老师为什么能教出考上名校的学生？

你的老师都是清华、北大毕业的吗？当然不都是，有些老师当年考不上清华、北大，现在为什么能教出能考上清华、北大等名校的学生？原因就在于高度不同。

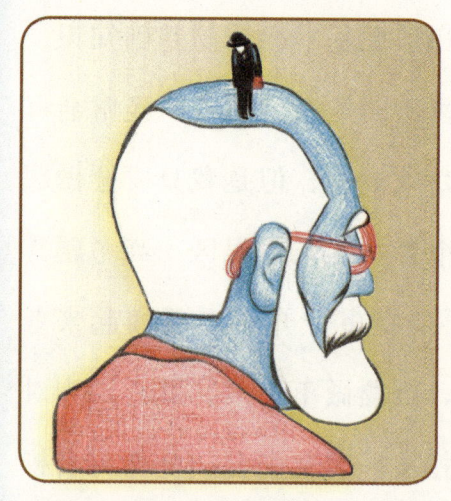

第一，定位不同。以前是学生，而现在是老师。原来是学生时，只需要解题，而现在是老师，不仅要把题目解出来，还要分析题目中的知识点以及知识点之间的关联关系，同类题目的出题方法，怎样讲述更清晰、更容易让学生理解。这样，虽然只做了一道题，却把与这道题相关的所有知识点都挖深、挖透了，其高度比学生高出了很多。

第二，心态不同。原来是仰视，而现在是俯视。面对考题，仰视的时候，潜意识里就降低了对自己的要求，遇到难题的时候就觉得自己可能做不出来。而俯视的时候，你的第一反应是该题考什么知识点，考什么解题方法，有什么失分点，有什么类似考题，等等。总之，你会非常自信地认为，所有的题目都应该做得出来。心态不同，结果大不相同！

从这里启程，走向北大，走向哈佛

第三，视野不同。原来是初高中的视野，现在已经接受了高等教育，有了更宽阔的知识视野。大学的课程都已经学完了，高中的课程自然就觉得很简单了。

站得高才能看得远

每门科目都有自己的知识边界，如果把每门科目整个中学阶段的课程，甚至是大学阶段的课程都预习一遍，这门学科的知识边界就非常清晰了，你就会突然发现中学的知识原来是这么简单。因此，只有站得高才能看得远。你可以试做一下，快速地把中学到大学的课程粗略地看一遍，不需要熟练和透彻，只需要从统领的高度了解这门课程的知识边界，脑海中有总体的印象，然后再去听中学课堂上的知识，看是否会变得简单、容易。

案例:"错误"的阅读改变自己

哈佛的一位成功学者讲述自己学业的转折点时说:"刚上初中的时候,我的成绩并不突出,可以说是一个排名垫底的落后生。我意识到自己需要提高学习成绩,就去书店买参考书,希望通过看参考书来提升自己的成绩。自己的成绩不好,当然尽量选择看起来简单的书。于是,我看到了一本《初等数论》,一看,就觉得这本书适合我,初等的数学嘛,就买回来看了。其实这是一门大学才开设的课程,而且只是大学数学系才开设的课程。但是当时不知道,于是就买回来,居然就硬着头皮给看懂了一部分。后来才知道这是大学的课程,再把高中的课本都拿来看,就觉得很简单了,之后自己的成绩就非常快速地提升起来了。"

从这里启程，走向北大，走向哈佛

写给家长和老师：

1.相对于当前高考标准与高中知识点而言，每个孩子都是足够聪明的，希望家长和老师相信学生具有学习更高级知识的能力。

2.让学生自信，其实就在于让他们看到知识的边界，每门科目都有自己的知识边界，鼓励学生通过对大学课本的翻阅，自己去寻找知识的边界，逐渐地对每门课程有个总体的印象，学习时就会越来越自信和开心。

3.高原效应：为什么坚持就是胜利？

什么是学习中的高原效应？通常人们讲的高原效应是指，当人处于疑惑、恐慌、紧张状态的时候会出现的记忆力下降、语无伦次、逻辑思维能力下降、易怒等类似高原

哈佛广场的沿街快餐店

从这里启程，走向北大，走向哈佛

反应的状况。学习中的高原效应是指在学习的时候刚开始进步很快，可达到一定的水平后却维持现状，学习成绩没有提高甚至还会有下降的趋势。就像身处在高原上，你看不到下一座山峰在哪里，看不到希望，但只要坚持走下去，会很快看到下一个高峰，其实也就是下一个较高的平台。在这个平台上，坚持下去，会达到另一个平台高度。因此，坚定不移的信念是获得成功的重要心态。

从小学到初中，从初中到高中，这个学习过程是一个进步与积累的过程，这个过程中一般都要经历以下三个阶段：

哈佛·柏拉图学习法

（1）初始入门阶段。

在这一阶段，学生要接触并熟悉新事物、新规律。一般来讲，学习相对费劲些，提升的速度也比较慢，但学习效率还是逐步上升的。

（2）迅速提升阶段。

当学生逐步掌握了学习方法后，学习兴趣日益浓厚，学习效率显著提高，进步迅速。

（3）高原效应停滞阶段。

由于在学习中会遇到主观和客观障碍，使提升速度放慢，或者下降，处于波动甚至停滞状态，这就是高原效应停滞阶段，它是学习积累、进步到一定阶段必然会出现的情况。就像一个人一下子吃进去了许多东西，需要有一段时间消化和吸收。当遇到高原效应时，说明我们学到的知识或许还不够系统，或许还需要融会贯通，所以一定要在这个阶段中坚持自己学习的信念。

从这里启程，走向北大，走向哈佛

写给家长和老师：

当孩子们的成绩止步不前的时候，也是他们学习最痛苦的时候，但往往又是处于高原效应的时候，这时候其实希望就在前方，坚持就会胜利。家长和老师需要给予他们更多的鼓励与表扬，及时发现他们身上细微的进步，并真心地赞美。

4.马太效应：为什么有些人始终是第一？

马太效应（Matthew effect），是指好的愈好、坏的愈坏，多的愈多、少的愈少的一种现象。可以归纳为：任何个体、群体或地区，一旦在某一个方面（如金钱、名誉、地位等）获得成功和进步，就会产生一种积累优势，就会有更多的机会取得更大的成功和进步，即强者总会更强，弱者反而会更弱。马太效应被广泛应用于社会心理学、教育、金融以及科学等众多领域。

在教育领域中,"马太效应"主要体现为:对于学习好的学生而言,它会使其成绩越来越好,对于学习差的学生而言,它会使其成绩越来越差。为什么会出现这种现象呢?一个品学兼优的好学生,经常受到班主任和学校领导的表扬和称赞,在课堂中的表现机会也比较多,而相对成绩较差的学生则恰恰相反。因此,好的学生越来越好,差的学生越来越差。

同时,教师对品学兼优的这部分学生的期待是真诚的、发自内心的,因为他们受到了权威者的影响,坚信这部分学生就是最有发展潜力的。也正是因为如此,教师的一言一行都难以隐藏对这些学生的信任与期待,而这种"真诚的期待"是学生能够感受到的。

> 写给同学们:
> 如果你还不够优秀,请努力让自己变得优秀,那么,所有的优势资源都将向你倾斜,你将越来越优秀。

罗森塔尔的实验

美国著名心理学家罗森塔尔做过一个有名的实验：他和助手来到一所小学，声称要进行一个"未来发展趋势的测验"，并煞有介事地以赞赏的口吻，将一份"最有发展前途者"的名单交给了校长和相关教师，并叮嘱他们务必要保密，以免影响实验结果的正确性。其实他撒了一个"权威性谎言"，因为名单上的学生根本就是随机挑选出来的。

8个月后，奇迹出现了，凡是上了这份名单的学生，个个成绩都有了较大的进步，而且各方面都很优秀。显然，罗森塔尔的"权威性谎言"发生了作用，因为这个谎言对教师产生了暗示，左右了教师对名单上学生的能力的评价，而教师又将自己的这一心理活动通过情绪、语言和行为传递给了学生，使他们强烈地感受到来自教师的热爱和期望，变得更加自尊、自信和自强，从而在各方面取得了异乎寻常的进步。

5.自我培养：自己对自己负责，自己培养自己。

自我培养即自己对自己的人生负责，自己培养自己。很多学生把自己学习不好的责任推到家长与老师身上，认为是家长、老师没有教育好自己，这其实是错误的观念和消极的心理暗示。事实是，初中生本身就已经具有独立思考意识，要不断告诉自己，自己有能力培养自己，自己可以通过各种方法来培养自己，甚至可以引导自己的父母如何培养自己。

自我培养包括自主学习能力的培养，以及情商、兴趣、毅力、思维能力等方面的培养。自主学习是学生采取以自我为中心充分利用外部资源进行学习的计划、检查、考核、反馈以及自我调节与补习的学习方式，以学生内在机制为主导的学习方法。自主学习能力在学生毕业进入工作岗位后也会发挥重要的作用，它是终身学习的重要基础，因此自主学习对于学生具有非常重要的意义。

什么是情商培养？例如，团队学习对学生的学习非常重

从这里启程，走向北大，走向哈佛

要，在学习小组中学习，可以博采众家之长，取长补短，让自己的学习得到更高效的提升。但是，如果情商不好，不能接受别的同学指出或者取笑自己的错误，就会影响学习效果。学习兴趣的培养也至关重要，没有学习兴趣的时候就很容易感到疲惫，从而导致自主学习难以进展下去。同样，学习毅力、思维能力等都会直接影响学习效果。只有学生有了自我培养的意识，才能让自己的学习取得质的突破，从而为考入一流学府打下坚实的基础。

关于如何进行自我培养的方法，会在下一章中进行详细的介绍和说明。

哈佛·柏拉图学习法

从这里启程,走向北大,走向哈佛

看完以上的理论，你对学习有了什么样的深刻理解与认识呢？接下来要怎么开始改变自己？

我的感受：_____

对扎根理论的认识：_____

_____

对学习高度的理解：_____

_____

我的计划：_____

遇见学习高原效应怎么办？_____

_____

如何应用马太效应使自己越来越优秀？_____

_____

如何加强自己的自我培养意识？_____

_____

我的计划：_____

_____

第三章 方法

——现在就采取行动

1. 基于扎根理论学会自己讲课与互相讲课。

自己讲课，给老师同学讲课

很多学生都遇到过这样的情况：听老师讲课的时候感觉听懂了，当把书本合上后，却讲不清楚基本概念与定义。这就是所谓的看起来好像懂了，实际上却不懂。其根本原因是：基础知识掌握得不扎实，基本概念与定义没有理解透彻。听老师讲课时，老师会给你信息暗示，看书的过程也是如此，来自于书本的信息暗示很多。一旦合上书本，暗示的内容没有了，就会讲不出来或讲得很含糊。

扎根理论是强调基础知识的重要性。很多学生通常认为基础知识非常简

从这里启程，走向北大，走向哈佛

单，所以不去花时间认真理解，这也是造成学习成绩不能取得更大进步的主要原因。要解决这个问题，增加知识掌握的牢固度，就要学会自己讲课，跟同学之间互相讲，讲者准备内容，听者准备问题。

在给同学讲课之前需要合上课本先练习给自己讲课，从而知道哪些知识是自己没有掌握牢固的；然后讲给父母听，让父母能听懂你讲的知识内容，加深对课程的理解；还可以跟三五个同学形成一个学习小组，讲给组里的同学听，规定听的同学必须要提出问题，让讲课和听课的同学形成一种互相挑战的关系，这样才能使得这个课学得更好。自己讲课的时候要注意不能照着书本一字一句地背出来，而是要让听课的人听懂，因此要在自己先消化吸收的基础上再用自己的话讲出来。这种讲课方式既能充分锻炼自己的思维能力，也可以将知识掌握得更扎实！

学会像老师一样去备课、讲课

老师备课本身就是一个深度学习的过程，学会备课就学会了深度学习。这个备课过程要求老师用自己的语言将知

识通俗易懂地讲出来,让学生真正明白并且吸收所学的知识,再通过设计的习题将书本理论重新理解塑造,让学生掌握所学的知识。要求不刻板地背诵概念理论,但讲出来的知识点又要和书本分毫不差。

正如后篇所提到的学习英语的方法一样,不能死记硬背,而是要用自己的语言将知识进行复述。

学会像老师一样备课,我们给出如下的备课模板,供学生参考:

（1）教案设计。

①确定教学目标。

按照教学大纲要求将概念、要点、技能用生动、详细、精确的语言表达出来。制定教学目标可以从回答如下问题开始：

· 本节课程学生必须要了解的知识点是什么？

· 本节课程学生必须要做到的是什么？

· 本节课程中的哪些术语和概念是必须理解的？

· 本节课程中学生需要解决的问题是什么？

②教学素材收集。

收集与本节课程相关的图片、典故、人物、背景、事件等素材。尽可能多地收集更多的素材，从中选出与本节知识点相关度最密切的、最具吸引力的、最能引起大家共鸣的、最使人难忘的素材内容应用到教案和课件中。

③建立教学目标的正确顺序。

根据已经确定的教学目标以及整理的教学素材，考虑怎样的顺序更容易理解，怎样的顺序更容易记忆，然后按照这样的顺序排列好。

④划分各教学目标的时间分配。

根据教学目标知识点的难易程度,合理规划时间。自己做一遍模拟讲课,记录一下时间,并进行优化,尽量在最短的时间内将课程讲生动、讲清楚、讲透彻。按照教学目标依次将教学内容列入教案。

⑤建立知识的关联图。

将本堂课中的知识点列出,并建立知识点之间的关联关系,形成知识关联结构图。让学生通过结构图掌握知识的内在关系。

(2)例题准备。

根据课程内容设计具有代表性的题目进行讲解,最好的方式是自己出题,把本堂课的几个知识点都融合在一起,而不是简单地罗列问题。

准备例题要考虑如下几个问题:

· 每个知识点都涉及了吗?

· 题目的代表性够强吗?

· 这个题目会引起学生的兴趣吗?

· 这个题目还可以怎么样变化?

从这里启程，走向北大，走向哈佛

- 这个题目的解法巧妙吗？
- 这个题目还有几种解法？
- 是否掌握了这道题目就能掌握好本节课的所有知识点了？

2. 建立自己的超级学习高度。

俗话说"站得高看得远"，学习也不例外。一旦学习具有了超前高度，知识的学习和积累就会更加简单和深刻。那么怎样建立自己的超级学习高度呢？

(1)建立超级学习高度需要了解所学知识的边界。

知识边界也可以说是这门学科的知识架构，看到知识边界就知道了这门学科的整体知识架构。我们目前中学开设学科的知识边界在哪里？其实就在大学课程

哈佛·柏拉图学习法

中！比如，中学数学知识的边界在哪里？就在大学数学里；数学知识的触角在哪里？数学知识的触角很深，比如哥德巴赫猜想。要了解知识边界并不意味着要熟练透彻地掌握大学课程中的每个知识点，只需把这些课程简单浏览一遍，脑海中有学科的知识架构即可，回过头来再学习中学课程时就会

从这里启程，走向北大，走向哈佛

有种居高临下、轻松自如的境界。能看到知识边界对学生来讲是很件开心的事情，正因为看到了边界，学生才会有清晰的知识视野。当了解到自己当下所学的知识在整个体系里只不过是基础知识时，学习就会成为一件轻松、有趣且值得继续挑战的事情。

哈佛学生宿舍

（2）建立超级学习高度需要具有超前的意识。

成绩优秀的学生基本上都具有超前意识，也能够做到超前学习。很多考上北大、哈佛的学生在优势科目的学习进度上已经远远超过了老师讲课的进度。更有学生在上初中时就已经把高中的课程全部自学完了，他们会在老师讲课的时候做更多的习题，从而更好地巩固自己所学的知识。如何才能具备超前意识呢？简单地说就是，初中生可以提前学习高中课程，高中生则可以把大学的课程拿来看。只要有这样的超前意识，持之以恒，自然就可以建立起超级的学习高度。

（3）建立超级学习高度需要培养超量学习的习惯。

超量学习主要是指超量的学习广度，即同样一个知识或概念有多种不同的表述方法甚至有不同的定义，当把同一个知识点的各个不同的表述方法与定义放在一起对比分析的时候，就会得出更透彻、更具高度的理解。

从这里启程，走向北大，走向哈佛

例如，集合的定义在不同的书本里的表述就不完全一样。

人教版实验教材：我们把研究对象称为元素，把一些元素组成的总体叫做集合。

北师大版教材：指定的某些对象的全体称为集合。

人教版普通教材：具有特定属性的事物的全体称为集合。

《数学教育词典》：集合是数学中最原始的概念之一，我们不能用其他更基本的概念来给它下定义，所以也叫不定义的概念或者原始概念。集合论的创始人康托尔称集合为一些确定的、不同的东西的总体。人们能意识到这些东西，并能判断一个给定的东西是否属于这个总体，集合简称集。

（4）建立超级学习高度需要超越自己对自己的心理定位。

很多学生在潜意识里对自己都有心理定位，具体表现在：有的学生认为自己的最好成绩就是全校前100名，完全没想过自己可以进全校前10名或者更好。在这种潜意识的影响下，当考取全校前100名的时候，他就会觉得自己的能力已经到极限了，不会再做更进一步的努力，甚至会不自觉地放松自己的学习，这就会导致成绩一直在这个阶段徘徊。古人云"欲乎上者得其中"，所要表述的意思是要想取得好的成绩，必须先树立更远大的目标。当你真正突破了自己的心理定位时，才会让自己取得更大的进步。所以，从现在起，建立超级的学习高度，超越自己对自己的心理定位。

每门科目都有自己的知识边界，对于老师而言，最重要的是鼓励学生，让他们自己去找寻知识的边界。同时，在学生提出不同意见时，老师应该给予学生充分的鼓励，而不是否定他的思路。

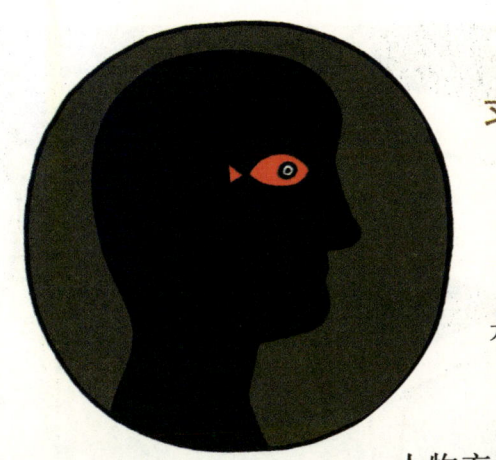

3. 基于高原效应建立学习的信心和恒心。

你不是天才，我们都不是天才。

每个人似乎都对天才类的人物充满敬佩，天才的成功靠的是什么呢？爱迪生说，天才等于百分之一的灵感加百分之九十九的汗水。请大家看下面这个例子。

原清华少年班有个同学背诵英语词典，他并不是刻板地一页一页地背词典，而是每天尝试着背50页，每10天即可背完一遍。日积月累，背诵的遍数多了，词典中对单词的准确解释也就基本掌握了。你以为他全背过了？当然没有，只是记住了部分。但意义在哪里呢？在于熟悉了英语单词氛围，在于敢做敢想。他是天才么？当然不是！他优异的成绩也是源于持之以恒的积累，学习靠的是恒心和信心。很少有人能把词典背诵下来，没有人有过目不忘的天

哈佛·柏拉图学习法

分，但是，背诵的过程锻炼了坚持不懈的信心和恒心。正如一个正在攀登高峰的人，虽然山顶被层层云雾遮掩，暂时看不到目的地，但是只要坚持，每天不停地前进，即便没有成功登顶，但他在半山腰的高度，也比一般人攀登小

山峰的高度要高,因此,"欲乎上者得乎中",把志向定得高远,有利于学习的成功。

只有建立了学习的信心和恒心,才能正确面对学习中的高原效应。如前一章所讲,高原效应是指在刚开始学习时进步很快,然而当达到一定水平后却维持现况,学习成绩非但没有提高反而会有下降的趋势,就像身处高原,看不到前路,很迷茫。很多学生学习到某一阶段就会出现"高原效应"。面对高原效应,当你处于停滞阶段时,只可智取不可强攻。以下提供一些参考方法:

首先,遇到高原效应时,应该先停下来,重新复习之前所学的基础知识,进行巩固积累。其次,分析自己的学习方法是否正确并适合自己,及时调整自己的学习方法。再次,注重学与用的结合,将所学的知识运用在日常的学习和生活中,切身感受学习的益处,增强学习的兴趣,自然而然就会走出高原效应。最后,学习中遇到困难时,要不气馁、不退缩,要有锲而不舍的精神,这样才能勇攀高峰。

4. 利用马太效应，营造良性循环。

在学习过程中，如何正确利用马太效应，促进学习进步并形成正反馈呢？首先，需要有积极的心态，其次应培养高涨的学习热情，在此基础上不断取得学习进步并营造良性循环。

树立积极阳光的学习心态就要求我们先要正确对待班级排名，你的同学是你的战友，而不是你的对手。面对成绩好的同学，不嫉妒、不气馁，并向其学习；面对超越自己的同学，不郁闷、不赌气，而要借鉴他们取得成绩突飞猛进的方法。本班甚至隔壁班同学，都是学习上的朋友，要积极相互分享成功经验和心得，一起交流好的学习方法。当你把自己的学习方法讲给别人听的时候，对方通过总结归纳，自己原来的学习方法会提高很多，同样，听别人讲学习方法的时候，自己也可以从中受益。不要怕自己的学习方法被别人学会，要以开放的心态对待周围的同学。在学习中，为其他同学的进步而感到高兴，乐于见到其他同从这里启程，走向北大，走向哈佛

学超越自己。

以邻为友，不要以邻为敌，友谊第一，比赛第二

开放、阳光的心态会开阔人的视野，并在潜意识里接受、吸收别人的优点，从而赶上甚至超越曾经强于自己的人。这个追赶并超越的过程是一种心态改变的历程，从消极到积极、从阴暗到阳光、从冷漠到热情。这种心态不仅会对我们的学习有所帮助，而且会对自身的个性培养起到积极健康的促进作用。日积月累，成功就不需要刻意和强求，则是水到渠成的事情。相反，如果因为别人比自己在某一方面优秀而感到沮丧、痛苦甚至妒忌，那么，就很容易形成一种封闭的状态。自己不愿意向他人学习，而只是埋头苦读；不愿意尝试他人的方法，而浪费过多的精力；不愿意就他人优势的方面进行交流，而孤立自己。这样做的最后结果要么是自己确实超越了别人，但是会花费太多的精力，身心疲惫。要么是自己没有超越别人，同时还陷入了孤独的境地，越来越害怕面对别人，害怕面对自己，最终造成信心缺失。

能够做到友谊第一的人，说明在心态方面已经成为了第一，也已经向成功的人生迈出了坚实的第一步！

上课心态：跟读、抢做、抢答、阳光心情

课堂上总有部分学生对老师的提问大声抢答，表现非常活跃；也会有部分同学一直不喜欢抢答，甚至对抢做、抢答题目的同学不满。其实，抢答可以活跃课堂气氛，同时也能锻炼学生的思维速度，反映学生的理解程度。看到别人抢答，你的心态应该是："他很棒，我要向他学习，我也要抢答，要比他还快"。一般来说，抢答活跃的学生对知识的接受效率比较高。他们看到别的同学快速回答问题的时候，自己要争取更快地回答，这样对自己对同学的进步都是有益的。

培养高涨的学习热情

在学习时，联想愉快的、成功的、积极的、轻松的学习经历或者情景会更加有助于理解和记忆知识，同时也可以培养自己学习知识的快乐情绪。相反，如果在学习过程中总联想到自己痛苦的、失败的、窘迫的、紧张的情景，这

从这里启程，走向北大，走向哈佛

样很容易对学习产生厌倦情绪，迫使学习难以顺利进展下去。因此，要经常联想自己在学习上取得的进展、获得的成就，从心理上更多地肯定自己。这样就会自然而然地培养起自己学习的兴趣，激发自己的学习热情。

哈佛园内的小松鼠

自己欣赏自己，让周围人欣赏自己，运用马太效应营造良性循环

在拥有了积极的心态与高涨的学习热情的前提下，如何正确利用马太效应，给自己营造光环，让所有的优势资源都向自己倾斜呢？

第一，自我欣赏。先找到自身的优点，然后发自内心地喜欢自己。

第二，获得周围人的欣赏。首先，尊重身边的每一个人，发现并欣赏他们的优点，用自己的实际行动去引导和影响周围的人，让他们慢慢理解并欣赏自己。例如，当你不满家长对自己的学习方法和安排时，应该如何和家长沟通呢？要学着用合理的解释去说服自己的父母。先制定合理的学习计划和目标，并将之告诉自己的父母；然后及时付出努力并达到自己的学习目标，将最终结果给父母看，证明自己的学习方法和能力，这个过程也就取得了父母的信任及支持。这就是所说的要学会正确引导自己的父母，使其理解自己并帮助自己。

从这里启程，走向北大，走向哈佛

第三，取得进步，让优势资源向你倾斜。当获得了团队和周围人的欣赏（认可）后，积极应对大家的帮助，快乐学习，就会很快取得更大的进步。

第四，营造良性循环。当真正取得进步后，就会更容易真正地喜欢自己、欣赏自己，同时也就更加容易获得团队和周围人的认可，进步会更加明显，这样为自己营造出良性的循环，自己将会很快变得出类拔萃。

5. 通过自我培养取得卓越成绩。

开发自己的右脑

自我培养首先可以从开发自己的右脑开始。右脑中隐藏的丰富想象力、无穷的创造力、高速的右脑记忆能力、快速的理解力、正确的直觉能力，这些对于我们的学习具有巨大的帮助。所以我们要使用各种适合右脑工作的方式来激活右脑，让右脑的巨大潜能得到发挥。在我们的思维活动中，要充分发挥右脑的创新功能和形象思维能力。

爱因斯坦把他的许多重大科学发现归因于他的想象游戏。他曾想象自己骑光束到达遥远的宇宙极端,又"不合逻辑"地回到太阳表面。这幅图像使他意识到,空间可能本来就是弯曲的。基于这个伟大的想象游戏,诞生了相对论和近代物理学。

悲观主义者用左脑思维,左脑是掌管人出生以后输入信息的本生脑,以个人生活的利害得失计算人生价值。乐观主义者用右脑思维,右脑是祖先脑,与千百万年进化历程中经历的苦难比,一时的挫折又算得了什么呢?右脑多与愉快情绪发生联系,学会用右脑思维,遇到任何困难,首先接受现实,然后在利导方向思考其含义。例如:面对半瓶子酒,悲观主义者伤心地说:"多么不幸呀!我怎么才有半瓶子酒。"乐观主义者欣喜地说:"太好了!我有了半瓶

子酒。"这其实是用不同半脑思维的结果。

　　右脑掌管形象思维，是想象力的大本营，其作用是左脑所不可取代的。在学习中，要更多地使用右脑想象和形象思维的功能，创造性地学习。因此，在学习之前，不一定非要制定极其完善的计划，一味只让左脑发挥作用，这样的方案尽管详尽却往往缺乏新意。有些同学的学习状态像工蜂一样，整天忙忙碌碌，然而并不出成绩。原因何在？其实认真想一想，很多忙碌的同学大部分时间做的都是重复课本上的例题和讲解，这样出成绩谈何容易。因此，学习时最好能够使用大脑的形象思维功能构建一下自己将要学习的知识点框架，尽力去把握即将开始学习的知识的整体知识架构，这时就动用了右脑的想象力，不拘于细节而着眼于全局，常能起到事半功倍的效果。所以，学习过程中要尽可能多地利用右脑的利导思维，看到自己的进步，肯定自己的成绩，多多增强自信心。

自我情商培养

情商对于学生的学习具有至关重要的作用,那么,怎样培养自己的情商呢?

(1)参加拓展游戏,提高快乐指数。

拓展游戏是指野外训练或集体活动。在中小学生中开展拓展游戏能让学生通过集体活动来提高情商,目前大多数学生都是独生子女,家长、老师都过分注重培养他们的能力教育,而往往忽视孩子的情商教育,所以要鼓励学生多

参加拓展游戏来促进他们情商的培养。

（2）参加小学友论坛与沙龙，提升社交层次与眼界。

参加小学友论坛与沙龙可以让学生从小就多交朋友，有利于提升学生的社交层次，开阔眼界。现在的社会现实是："未来孩子的竞争，不仅是学习能力的竞争，更是交往群体的竞争。"从成年人的成功经验可以得出，一个人小学、初中、高中、大学阶段的朋友圈子对于其未来的发展有着很重要的作用。当前的社交圈决定其未来的事业圈。

兴趣培养

我们知道，学习与专注程度之间有着很重要的关系，专注程度直接影响到学习的效率,而专注度又与兴趣和自信有着密不可分的联系。所以,要提高孩子学习成绩,首先要培养其对学习的兴趣。

学习兴趣的培养跟培养某种好习惯一样,当强制自己尽量多地花时间去学习不喜欢的学科时,你就会发现,其实这门学科也没有那么讨厌,这时候,你就具有了培养学习兴趣的基础。接下来,就需要通过获得成就感加强兴趣的培养,获得成就感可以通过很多方式达到:①通过成绩,如考取好成绩;②在团队学习中发表自己的观点,获得团队成员的认可;③检查自己的进步,明白自己时刻都在进步。逐渐使小成就积累成大成就,每天就都能获得成就感;④自己培养自己的优势兴奋点。

通过游学进行综合自我培养

游学的内容贯穿了语言学习和参观游览,介于游与学之间,同时又融合了学与游的内容。游学是一种新的教育方式,

从这里启程，走向北大，走向哈佛

"读万卷书，不如行万里路"是游学的学习方式的体现。

> 游学是世界各国、各民族文明中最为传统的一种学习教育方式。《圣经》中记载的"东方五学士，祝贺耶稣基督诞生"的故事，以及意大利旅行家马可·波罗在中国的游历，都透露出古代东西方游学交流中所蕴含的丰富信息。而中国民间自古以来就非常重视游学对人格养成和知识形成的重要作用，孔子率领众弟子周游列国，增进弟子的学识，培养弟子的品质，开阔弟子的眼界。"读万卷书，行万里路"，更是中国传承至今家喻户晓的教育古训。

游学的益处：

提高语言能力

海外游学生活可以给青少年创造一个真实的语言学习环境，居住在普通的外国人家庭里，和普通的外国人生活在一起，同吃同住，对于提升青少年的英文表达能力有很大的帮助。其次，也只有和他们共同生活，才能真正地感受

到当地的本土文化。文化是一个抽象的概念，它出现在书本上，表现为不同的文化形态，而文化又是具体的、形象的、直观的，它体现在我们普通老百姓的生活之中。游学的过程就是把抽象的文化转化为具体文化的过程。

开阔青少年的视野

探访不同文明的历史，有利于更好地认识人类的现在和未来；体验不同的文化，有利于更深切地认知自己的民族和国家；亲身参与非本土社会生活并观察研究，有利于非母语能力的提高和对课堂知识的再发现；游学的经历，有

从这里启程，走向北大，走向哈佛

利于青少年开阔视野。通过丰富多彩的游学活动，引导青少年积极参与社会实践，感知时代脉搏，培养其动手能力和创新能力，陶冶情操，修养品格，达到"读万卷书、行万里路"的境界。

> 游学不是享受，而是一种感受，是人生的体验。走近国际化进程，参与国际化活动，相信为期半个月左右在国外亲身体验风土人情、接受异域文化氛围熏陶的游学夏令营活动，必能为你增加些许生活的磨炼，提高你的独立自主能力，为你的人生旅途增添一笔无形的财富，增长你的阅历和见识，培养全球化角度的思维习惯。会留给你一段终生难忘的回忆，使你充分感受到人与自然和睦共处的无尽乐趣。

培养独立人格品质

青少年时代是人生中寻找自我、建立自信、培养独立人格的黄金时期。通过在国外的独立生活，不仅能培养青少年学生勇于担当的生活态度，更重要的是由此提早接受国际化的教育熏陶，熟悉语言，更深入地了解国外多元化的文明形态，学习不同民族优秀的文化传统，开阔眼界和拓展人际关系。

体验多元文化

走近人类优秀的历史文化，探访世界不同文明的历史遗迹，体验不同文化所带来的生活感受，尊重和依赖人类共同的文化、语言和精神的遗产，宽容与自己不同的社会、政治、宗教和信仰，传承并丰富全人类共同的文化和道德价值观。从而坚持并发扬为人类社会所普遍接受的人道主义价值观和民主、自由、宽容的精神。

第四章 技巧

——细节决定成败

哈佛学生宿舍

1. 数理化学习技巧。

掌握概念，从简单的题目开始

数学、物理、化学是中学课程中难度最大的三门课程，很多学生望而生畏，所以大多数人都认为"理科是聪明学生的天下"。其实不然，只要正确掌握学习数理化的方法，都能学好数理化。抽象能力和概括能力是学好数理化的重要能力。没有抽象能力，概念往往不深刻，就抓不住知识点的本质属性；没有概括能力，就不能找出同一类知识的共性。

数理化的学习首先需要做的是对基本概念的充分理解。高考题目其实都很简单，但是考试时考生就是考不好，就是因为考生相关概念不清楚，基本功不扎实。这就要求学生平时在学习过程中要注重对课本和高考大纲的充分理解。很多学生都会认为自己虽然概念不够清楚，但是课本上的题都会做，做错的题目都是因为自己粗心。但是，你

从这里启程，走向北大，走向哈佛

会发现每次考试都会有粗心，粗心的毛病总是无法解决。无论经过多少次考试，上次犯的错误总会在下次重新出现，"粗心"总是很难避免。其实，真正问题并不是粗心，而是你没有深刻理解和掌握基本概念。

考后自大症：很多学生都会出现这样的现象，每次考完试都会抱怨某道题差一点儿就对了，事实上你差一点儿别人也同样是差一点儿，所以我们要避免这种现象发生。高考差一分都是天壤之别，考试不相信眼泪，不相信自大，我们要避免考后自大症。数理化的本质在于，涵盖的知识具有高度抽象的特点，它们体现的是事物的共性，而非个性。既然如此，我们就能够知道：学好那些普通的数学概念、物理定理、化学方程式，才是能够取得好成绩的关键点。一个看似简单的数学公式，往往能运用到很多数学题目中，而基础概念的综合程度也直接表现为题目的难易程度。因此，准确记忆基础概念是学习的第一步，也是最重要的一步。但是，先不要急于用难题来"验证"自己的学习程度，先要踏踏实实地做一定数量的简单题目。因为简单题目是对概念、定理的直接运用，能够起到加深记忆、促进理解的作用。只有真正掌握这些基础知识，并通过各种途径不断加深对它们的理解，才能在学习中游刃有余。

举一反三地修改题目

举一反三是一种学习方法，更是一种个人能力。数理化学科的题目通常都有多种解法，同一道题目改换一个条件，就会变成为另外一道题目。这就像我们玩的魔方，每随机转动一次魔方，完成魔方的方法就会改变。很多人玩魔方只能从一个方向，或者从一个固定面才能完成，但是真正掌握规律的人，不管魔方现在是什么状态，都能使其复原。因此，学好数理化学科就需要学会举一反三地修改题目。

善于学习的学生能够将基础概念灵活地运用到各种题目中，会尝试用多种解法去解题，并不断地对题目进行"变

从这里启程，走向北大，走向哈佛

形"——改变题目的条件或结论，来验证自己是否真正掌握了知识点。程度更好的学生还能根据某个具体知识点编写更复杂的题目。这样的学习方法不仅能够激发学生学习的兴趣，还能促进学生对基础知识的掌握和进一步提高。更为重要的是，在修改题目的过程中，建立了学生的自信，从而使学生的学习能力持续提高。

扔掉错题集，珍惜草稿本——看到自己的思维曲线

对绝大多数学生来说，把做错的题目抄一遍再附上正确的做法，这只是一种重复劳动，往往只是应付差事，这样的错题集根本起不到促进学习的作用。我们提倡更为简单有效的方法：扔掉错题集，珍惜草稿本！很少有学生收集整理自己的草稿本，甚至学校老师也不重视草稿本的作用。其实这项工作非常重要，每次考试的试题基本上都是课本知识的精华，具有典型性，是非常珍贵的资源。而草稿纸上详细地记录了你解题时候的思维曲线，研究草稿纸就可以发现自己在什么地方走入了误区或者出现了错误。

但是学生在打草稿的时候往往较为随意,因此,一场考试结束后再看草稿纸,很难区分具体题目的位置。为了更清晰地看到自己的思维曲线,你在平时就要养成整洁地打草稿的习惯。可以按照自己的习惯将草稿纸分区,并写清题号。这样,草稿纸上的信息就能够有效地保留下来。在考试后,应当在草稿纸上标清考试日期和科目,可以将同一次考试的草稿纸一起装订,或者按照科目将多次考试的草稿纸装订起来,便于日后反复研究使用。

别人的作业本、别人的试卷——你的财富宝库

中国学生在学习过程中基本上都是"独行侠",他们善于独立学习,而

缺少从别人的思想中汲取营养的意识。由于竞争压力的不断增加，学生更注重保护"个人隐私"，不让别人知道自己现在正在看什么参考书，或是上哪个辅导班。这样的方式可能具有短期效应，能够取得比别人更好的学习效果，但这并不利于学生的长远发展。古人云："三人行，必有我师。"由于个体的差异性，针对同样的问题，每个人都有不同的思路、不同的思考方式，即便是成绩差的同学，在解题的时候也会有非常出奇的方法。因此，当你绞尽脑汁思考一道题目的解题方法又遇到障碍的时候，不如干脆研究班里所有同学的试卷和作业本，这样一来你就等于是集中了全班同学的智慧，对于知识的理解和吸收会有非常大的帮助。你会发现，同一道题目，不同的同学都有不同的思路。有人跳步骤，有人和自己一样粗心，有的差生方法可能比好学生还好，有人做起题目过程繁琐，有人则简洁明了。应该注意到的是，在刚开始学习新知识的时候，因为学生掌握的程度有限，可能使用相同的解题方法，即一般都是使用公式。这时,在分析同学试卷的基础上,团队努力、自我组织、合作学习。

2. 英语学习技巧。

小词汇、多作文

相比较语文作文,英语写作想要取得高分的难度更大。语文作文的训练从小学四五年级就开始了,而且身处于汉语的语言环境中,无论是语法、词汇、表达还是结构,学生掌握得都很好。相反,英语写作是初中以后的学习内容,尽

从这里启程，走向北大，走向哈佛

管老师和学生都十分重视英语写作，但是由于词汇和表达能力的限制，英语写作的提高需要长时间的积累和训练。很多学生为了弥补基础方面的缺失，会专门选择一些比较生僻、文学意境深厚的词汇使自己的英语作文取得高的分数，但往往导致词不达意或者画蛇添足，反而并不能准确表达文章的意境。

还有很多学生写英语作文的一大问题是文章的结构和思路不够清晰，一味地堆砌词汇来完成高考作文250词的要求。正确的方法是用日常使用频率较高、课本中要求掌握的"小词汇"来写英语

作文，词句表现得更具体，条理性更强，文章更通顺，得分才会更高。比如说，英语作文题"健康和金钱，谁更重要"。许多学生喜欢用大词语"health,money,everything,important"，用完就没话说了，其实完全可以用小词语，比如说，可以用"今天感冒头有点疼，没有去上语文课"来表示健康"health"，用"买不起一辆山地自行车，价值一千两百一十五元"来表示金钱"weath"。所谓"小词汇"就是那些简单的、生动的、活泼的英语单词。这些词汇表达的意思更清晰、简单，更容易理解。

想取得英语作文的高分，日常的练习不可或缺。平时要养成用英语写日志、写小作文的习惯，多使用英文写"小清新"类的短文。这样习惯了用英文写作文，高考时的英语作文就变成了你日常做的一件小事，很容易取得高分。

抄书的价值：笨方法包含大智慧

抄书通常被认为是很笨的方法，其实笨方法包含大智慧。为什么抄书会提高英文学习的能力呢？一般学生在学

从这里启程，走向北大，走向哈佛

习英语的时候更注重朗读和背诵，很少动笔去写。因为数量庞大的英语单词需要很长时间才能抄完，而且，学生追求的是"一目十行"的效果。但是，学生们往往忽略了这样的事实，抄写才能帮助学生深度记忆。因为在抄写英语书的时候，通常会遇到很多不熟悉、不认识的单词和语法结构，这个时候，就需要查字典或者请教老师、同学，一旦问题得以解决，那么新的知识就深刻地印在脑子里了。这就是积累的过程！但是，抄书的过程比较枯燥，如果缺乏耐心就很难坚持，因此要讲究策略，循序渐进。一开始，会从一个单词、半句话开始抄，等到熟悉之后，就记一句抄一句，当你可以做到看见一句话后仅凭记忆就能写出来的时候，你的英语水平已经得到了很大的提升。

订阅全英文报纸，强迫学习法

阅读全英文报纸的意义在于培养语感，提高阅读能力。注意，不是英语学习报，是全英文的新闻报纸，比如《China Daily》。但为什么我们强调要订阅报纸而不是每

天买报纸呢？如果只是偶尔买一份报纸，肯定是看不了几天，由于生词太多，扔到一边。然后每次想买新报纸时，考虑到旧的还没有看完，就不买了，一份报纸放一个月，渐渐地就没兴趣看了。这样就很难借助阅读全英文报纸来提高自己的英文能力。而长期订阅全英文报纸或者杂志，你今天不看，明天又来一份，一个星期就厚厚一摞，你再不看就得扔了，扔了又太可惜，于是强迫自己养成天天阅读的好习惯。

刚开始阅读全英文报纸的时候，会遇见很多不认识的

单词,难免会产生枯燥感和厌烦感,这时候可以从自己感兴趣的版块开始阅读,比如足球,因为自己会看最近的足球新闻,所以对这部分的背景比较了解,阅读起来相对会比较容易,而且同一个生词接触次数多了也就记住了。接下来,就可以阅读所有文章。

愚者背课文,智者复述课文

与其背课文,不如复述课文。背诵是一种简单的重复,而复述包含了思考的过程,它能够培养学生的语感和表述事件的能力。英语非常好的人往往在分享他们的经验的时候都会说"我已经非常熟悉新概念英语四册的全部内容"或者"我背过了某某美剧的全部台词"。乍一听,觉得这两种方式差不多,但其实记忆的内容是不同的,训练的侧重点也略有差异。新概念英语的专业性和准确性很强,是标准的课程用书;相反,美剧的台词则更注重语言的使用,因此更为口语化,也更地道。对于高中生来说,刚开始复述的时候应该选择中学课本,先将课文熟读、理解,

哈佛·柏拉图学习法

然后用自己的语言表达出来,这样才能有提升。比如背单词,一天背50页,坚持这样做,可以说肯定记不住这么多,但到最后重要的不是你暂时记住了多少单词,而是看到任何认识和不认识的单词,你都可以清楚地知道词根和词的组成。结合阅读英文报纸,慢慢地你就会对英语文章

肯尼迪政府学院

有感觉，会产生自己的语感和理解能力，面对满是生词的文章就不会再害怕。

高考心态：不论大学好坏，只论班级进步名次

面对高考的时候应怎样放松心态呢？高考对于每个学生来说都非常重要，除了是检验所学知识的"试金石"之外，更像是一场盛大的成人礼，要从心态上战胜紧张感。在这场考试即将到来之前，每个学生都会或多或少地感到紧张和迷茫。那么面对高考的压力，应该如何放松心态，发挥出应有的水平呢？方法很简单，不要想着考一本、二本、考什么大学。想这些没用，因为使不上劲，那想什么呢？假如你每次摸底一般会考第二十名到三十名，那这次考高目标很简单，定在第十九名，只要进步即可。这样，目标简单，也好用力，同时，经常给自己积极的暗示，告诉自己"我能行，我一定行"，在充分准备的情况下，放松备考心态，将担心转变为期待。第二，合理安排自己的生活与学习，制定适合自己的目标。高考前，不要总是考虑以后要上哪所名牌大学，这样的目标太大、太远，容易使自己心里没底而发慌，往往在考试时发挥不出应有的水平。应该注重自己的点滴进步，将名次的进步作为目标，只要每次考试都有名次上的进步，哪怕名次只提升几名，对自己个人而言都是很大的进步。

哈佛肯尼迪政府学院地标

第五章 团队

你不能一个人战斗

哈佛教堂

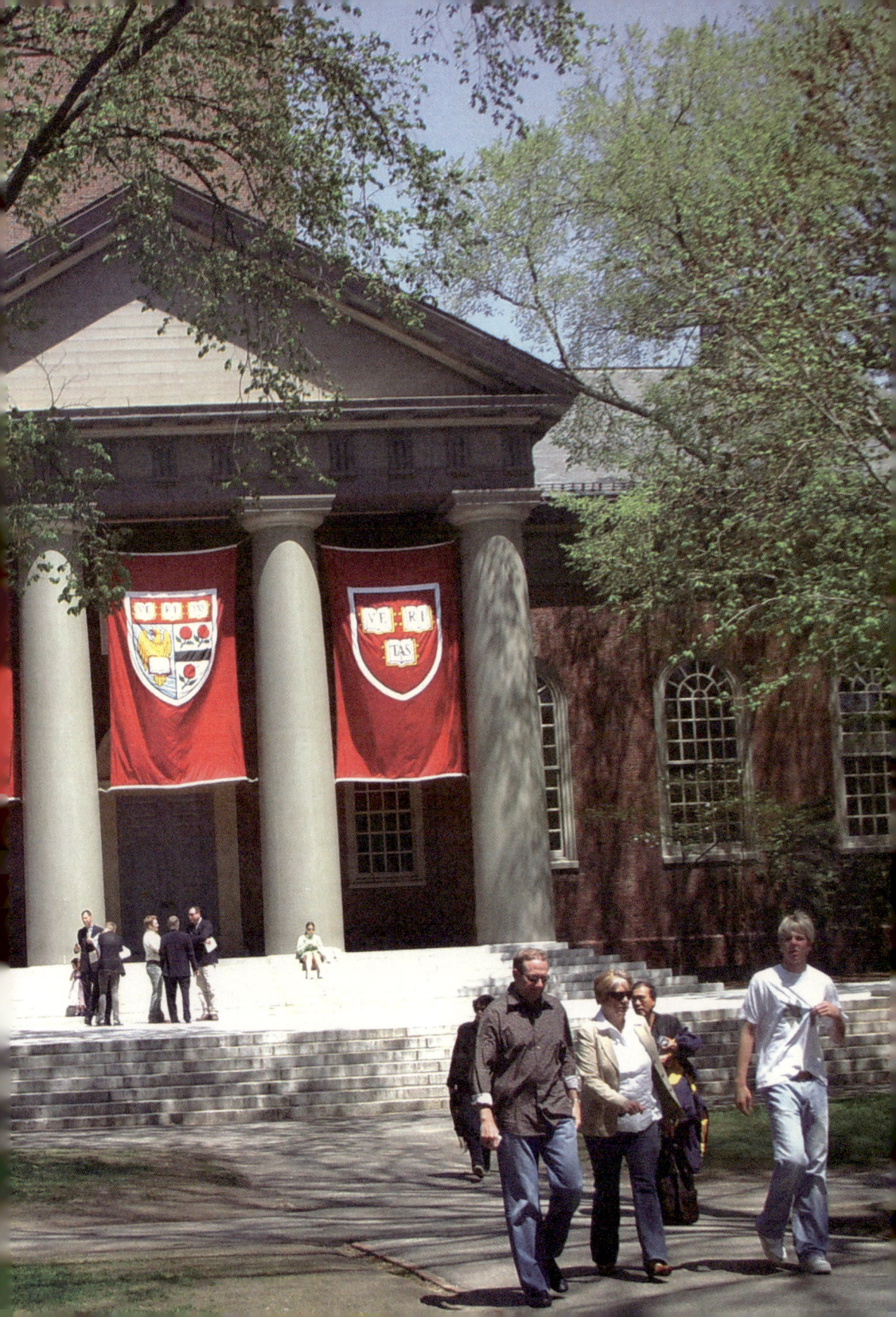

1. 基于组织的个体学习法：个体努力，团队制胜。

基于组织的个体学习法

"独学而无友，则孤陋而寡闻"（《礼记·学记》）。学生只有在组织中才能取得更好的学习效果。如果学生只喜欢独自学习，缺少语言的交流与互动，缺少思想的激发与碰撞，缺少观点的借鉴与对比，这样的学习方式对知识的理解是单一的，很难全面掌握知识。

"学而不思则罔"（《论语·为政》）。"思"是个体行为，"思"同时是思考、理解、吸收、消化。即使在一个优秀的组织中，如果学生对知识不能独立思考、深度理解，只听别人讲解就会迷茫、不知所学。

因此，组织学习与个体学习是取得良好学习效率的重要因素。学习是以个体为主的行为，组织是学习的资源与工具，因此我们提出了基于组织的个体学习法。即在进行独立思考、独立学习的前提下，在组织的基础上积极讨论，相互交流，充分利用组织的力量提升学习效率。基于组织的个体学习法具有非常重要的意义。如果能真正掌握基于组织的个体学习法,并能充分应用,那么你就可以说已经有一只脚踏进了北大、哈佛的校门。因为,你不是一个人在学习,非常多的人都在帮助你学习,你一定会出类拔萃。

基于组织的个体学习法要求学生不但能在教师的指导下学习,同时还要学会自己培养自己,自己主宰自己的学习。自主学习、自我管理、自我培养也是实施基于组织的个体学习法的重要条件。许多学生学习成绩不好,更多的原因是不会自我管理,不能自主学习。学生将学习当作一系列任务,作业是任务,考试是任务,甚至听课也是任务,每天都在痛苦地完成这些任务,学习效果当然不会好。这也导致这些学生在学习时基本不做思考、不愿意动脑,严重影响了学习效率。

基于组织的学习法要求充分合理地利用组织。学校、班级、家庭等都是学生所处的组织类型,基于组织的个体学习法要求学生能够充分利用自己身处的各种组织进行学习。例如,学校中有老师提供课堂教学,有一起学习的同学，有各科考试、不同类型的比赛等。基于组织的个体学习法要求学生了解老师的教学计划，配合老师的教学计划制定自己的学习计划，多与同学讨论加强对知识的理解，积极参加各种比赛，获得更强的学习自信。

为了更好地提升学习效率，发挥基于组织的个体学习法的作用，学生需要建立自己的学习团队。优秀的学习团队可以让学生的学习取得事半功倍的效果。本章主要讲解怎样利用团队提升学习的效率。

2.建立自己的学习团队：合作、共赢，对手在校外。

为什么要组建自己的学习团队

相对于班级等学习组织，学习小团队是目标更加清晰，行动更加灵活，更具有战斗力的单元。基于组织的个体学习法强调要组建学习团队，充分利用团队的力量提升学习效果。学校、班级、小组都是不同的组织架构，这些组织架构对学生的学习都会产生重要的影响，

从这里启程，走向北大，走向哈佛

选择更优秀的组织对学生的影响会更加明显。这里提出的"学习团队"是学生自己自发组建的合作单元，也是组织的一种。由于团队的灵活性，学生自己可以根据自身的特点组建优秀的团队。

组建自己的学习团队

团队人数。一般是4~6人为宜，理论上4人团队更为合理。首先，受社会环境、生活习惯的影响，4~6人的团队的学习环境更容易实现；其次，4~6人的团队两两组合交流更方便于组织内部自主协调；另外，人数过多的团队中容易产生被隐藏（不发言、不表态）的成员，从而影响团队内部的学习氛围，而人数2~3人的团队规模过小，难以形成好的团队氛围，无法充分发挥作用。

成员选择。首先，团队成员目标要能达成一致，拥有相同的目标能更好地发挥团队作用；其次，团队成员之间志趣相投，学习气氛融洽；第三，团队成员各科优势能够互补，便于团队成员间取长补短。

行动计划。团队学习需要有实施计划。例如，团队学习时间，团队学习地点，团队学习过程中的时间划分及学习方式等都要有基本的计划。有了基本的行动计划，团队学习才能有章可循。当然，团队学习的行动计划也是可以实时调整的，这样更有利于学习效率的提升。

3. 团队学习心态：开放、乐观、乐于帮助别人，见到他人进步，才能最终自己进步。

何为开放、乐观的心态呢？即是面对比自己成绩好的同学，不自卑、不气馁、不妒忌，积极调整自己，怀着乐观开放的心态向他们学习，通过自己的努力，一定会和他们一样优秀。与此同时，面对成绩没自己优秀的同学，不轻视，而要乐于和他们分享自己的学习心得体会，积极帮助他们。众人拾柴火焰高，学习要集众人之智慧。一个人埋头苦学，不如一群人一起交流学习，经验分享。大家都进步时，个人进步最大。要放开心胸，乐于看到身边的同学、朋友与自己一同进步。

从这里启程，走向北大，走向哈佛

学习心态对于团队学习至关重要，就像武侠小说中武功秘籍的心法，心法对了才能事半功倍，否则可能只是徒具其形，不能起到真正的作用。团队学习的目的是汲取团队的精华，发挥团队的力量，相互帮助，共同提升。每个学生的思维方式、思维习惯、思维角度都是不一样的，只有开放、乐观的心态才能包容大家不同的观点，并能从中受益。团队学习中，互相讲题，互相辩论，乐于帮助别人并乐意见到别人进步的人，同样也会受到别人的帮助。这种学习心态是"友谊第一、比赛第二"的本质体现。比赛目的是提高、共同提高，因此，真正理解这句话的选手才能赢得比赛。

4. 榜样的力量。

列宁说："榜样的力量是无穷的。"这种榜样的力量体现在生活的各个方面。在学习中，榜样的力量尤其重要，只有找到学习的榜样，并向其学习，才能使自己不断进步，变得强大。当学习团队中其他同学有好的学习方法时，你大可以"不耻下问"，向他请教学习。如果你能经常学习并吸收别人的长处，那么你的学习方法和学习效率将会有质的变化和提升。我们访问过一个在哈佛大学学习的中国学生，他初中就读的只是一所很普通的县级中学，并不是什么名校，但他们班竟有多人考入南京大学、北京大学、复旦大学等著名高校。这是为什么呢？这就是榜样的力量！因为一个优秀的学生会带动一个优秀的学生群体。

　　好的榜样与浓厚积极的学习氛围密不可分，集体的力量是强大的。和道德品质好、学习努力勤奋的同学一起学习，就会被互学互助的学习氛围所感染，那么你的学习成绩就很容易得到提升。相信在一个聚集了很多有品德、爱学习、成绩好的学生，并且经常能和北大、哈佛的校友交流的教育机构里，即使不爱学习的学生也会被感染，努力奋发，取得好成绩。所以，学习的氛围很重要，学习团队正是培养这种氛围的组织。

第六章 经验之谈

—— 中国哈佛考生如何面试

哈佛纪念堂西侧

哈佛·柏拉图学习法

作为全球最知名的学府之一，拥有370多年历史的哈佛大学，每年都会委托世界各地的校友参与选拔招收当地的优秀学生。作为中国区的一名哈佛校友，我有幸参与了多次这样的选拔面试，在此，我很高兴能和大家分享我在这方面的经验。

哈佛先生像

1. 哈佛喜欢什么样的学生？

哈佛大学在中国区的招生要求和在其他地区一样，都希望招收学习优秀且成熟、有个性的学生。和一般大学不一样的地方，就在于哈佛是在找录取你的理由，而一般大学是在找拒绝你的理由。

作为一名哈佛面试官，根据我的面试经验可以告诉大家，哈佛更看重的是以下几点：

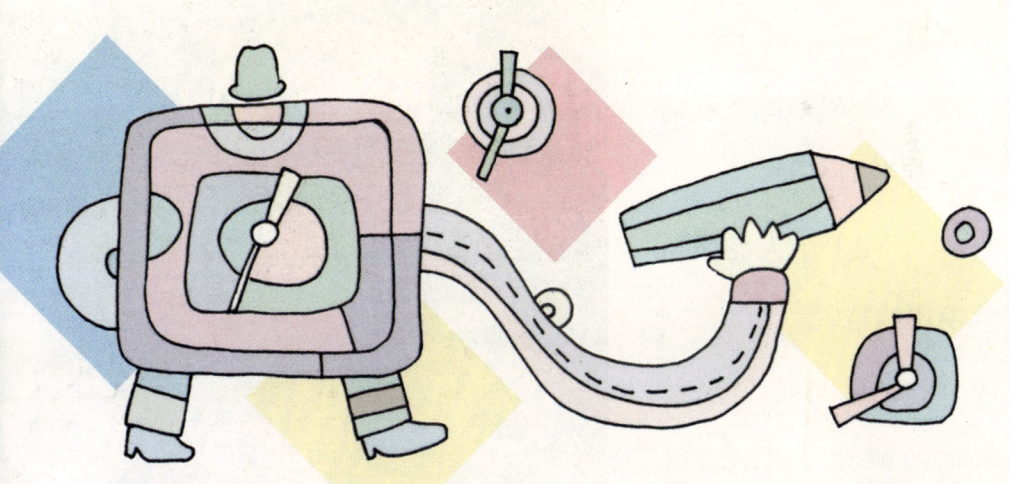

（1）学术背景。

也就是严谨的学习态度和优秀的学习能力，这包括高中成绩（年级排名、所选择的课程等）和标准考试成绩SAT（学术能力评估考试）、AP（美国大学预修课程）等。对于这一点，85%以上的申请者都会通过。

（2）个人品质及突出的特质。

也就是你与众不同的地方。面试官希望从对你的面试中，

从这里启程，走向北大，走向哈佛

看到一个有激情、有热情、有领导才能、有上进心、正直、与众不同的学生。同时你需要证明自己是一个有想法、有成熟心态，让大家喜欢的人。

例子1：我们两年前录取过一个学生，他最大的特点就是很喜欢艺术。他初中的时候就在中央电视台做了近六年的少儿节目。读高中时他想申请就读哈佛的本科，

麻州广场

哈佛纪念堂内景

从这里启程，走向北大，走向哈佛

于是他就做了一件特别的事情为自己进入哈佛助力。他在甘肃拍了一个关于留守儿童教育问题的纪录片，并把它译成英文，投寄到日本和美国的各个著名电视台，最后被其中两家电视台播出了。虽然这个学生的学习成绩不是最好的，只处于中上等，但他就是做成了一件很与众不同的事情。

例子2：去年我们在西安面试过一个学习成绩一般的学生，他与众不同之处就是特别喜欢公益事业。高中时，他就开始创办公益组织，也亲自去偏远山区支教。虽然他学习成绩一般，英语水平都不一定能支撑他到哈佛读书，但他很有公益心，也很上进，最终还是被录取了。当然，他被录取后做的第一件事就是补习英语。

（3）社会经历和社会实践能力。

即从你参加的社会实践活动中，看出你是否具备良好的沟通、领导和独立做事的能力。下面所讲到的这些学生就是很好的例子：

例子1：我们面试并录取过一个独自去日本做震后志愿者的学生。在2011年日本大地震后，他不顾核辐射的危险，说服父母独自一个人去日本做震后志愿者。在日本，他靠做义工来支撑自己的生活，与此同时还拍摄了一个关于志愿者在日本生活和工作的纪录片，最终这个纪录片很幸运地获得了知名传媒的四个大奖提名。

例子2：2008年，我们面试过的一个学生，在面试过程中，我们知道了他在汶川大地震之后去当地做志愿者的故事。在与他面谈的过程中，我们了解到他是一个对社会很有责任感的人，他对社会的重大事件很有自己的看法。当回想到自己亲身经历过的种种事情时，他甚至一度落泪，我们从中能够深切地感受到他的真挚和正直，这正是他发自内心最真实的情感表达。我们面试官在写面试报告时，会真实客观

从这里启程，走向北大，走向哈佛

地将学生对于所经历事情的关注程度记录下来，完全可以看得出他们的关注是浮于表面的还是发自内心的。

所参加的社会实践或社会经历必须有一定的意义和特点，假如你只是普通的一个学生，没有参加过任何社团学生活动，但你如果做过很有意义的社会实践，就会很吸引面试官的关注。

除了上面提到的三点，在中国区招生还要再看另一个很重要的因素，那就是英语水平，这个是个硬性指标。一般录取通知书会在4月1日发放，8月份开学，对于英语功底稍差的学生，我们会建议他们在入学前先补习英语。

2. 如何准备哈佛面试？

关于如何在面试中突出自己的特质优点，获得我们面试官的青睐，以下是一些好的建议：

（1）要了解面试官更青睐于申请者的哪些特质和经历。

哈佛更倾向于招收有特点的学生，如果学生在年轻的时候有过一些特别的、特殊的历练，这些对我们面试官是很有兴趣的。如学生在高中时就独自骑自行车或者徒步游历过很多国家，并且从中得到了很多新的想法，等等，我们会更倾向于录用这些学生。当然，在面试中要看这个学生能否完整地讲述自己在游历中记忆深刻的故事，如遇到了哪些困难，是如何解决的，等等，一定要从中得到一些思考和启发。

在面试的时候，我会告诉学生们：不用刻意地准备，就说一说你认为你所经历过的特别的事情。你可以讲你经历中遇到并解决困难的过程，也可以讲你学习某种知识的过程。比如去山区支教的学生，他在支教的时候遇到电热毯起火，几乎没命，他是如何自救的；或者是拍纪录片的学生，他拍摄完成后想做字幕，自己不会，于是就找专业的书籍和人来学习。我们可以从这些故事中看到这些学生的人生很丰富，他们的适应能力很强，学习能力也很强。

同时，也能从他讲的故事中考察一个学生品质。比如之前讲到的那个去日本拍纪录片的学生，他完全可以不去日从这里启程，走向北大，走向哈佛

本而在国内捐钱，一样可以帮到受灾的人民，他却认为亲自参与受灾地方的重建最有价值，即使做义工只是简单地帮他们清除淤泥、分发食物等，但只要是亲身经历这些事情，就觉得很有成就感。他有爱心、有勇气，并有较强的与父母沟通的能力，这些都是很宝贵的品质。

我们面试官的作用，就是要能够从这些故事中去挖掘和判断一个学生的品质和能力。

（2）要学会包装自己。

有效的包装其实是个很简单的问题，很多家长为了孩子面试成功能进入哈佛，对孩子进行了很多不必要的包装。以我这些年的体会，最好、最有效的包装方式就是找出孩子的最大特点，一切都围绕这个特点来进行。

例子1：之前有一个刚读高二的女孩来面试，她弹得一手好钢琴，然而她们学校很多学生都会弹钢琴，达到钢琴八九级都很普遍。但她还有另一项特长，就是打业余篮球赛，这在中学里很少见，在中学女生里则是少之又少。她还自己组建了篮球队并带队去比赛，参加过很多市级甚

哈佛·柏拉图学习法

哈佛正门

从这里启程，走向北大，走向哈佛

至全国性的比赛。后来我就建议她围绕体育这条主线去包装，课外活动也去做和体育比赛活动相关的志愿者等。

例子2：有一个男孩，他喜欢拍电影，那要怎么包装呢？就让他在学校成立了一个电影俱乐部，可有时间就跟着得到奥斯卡奖的中国有名的台湾导演实习，参与电影的拍摄工作。后来，他独自拍摄了一部纪录片去参加国际性的电影比赛。虽然他的学习成绩一般，但他的主要特点很突出，在所有申请者里独一无二，完全和别人不一样。

现在中国区很多申请者的实践活动都是围绕有关去西部支教类型的，很难再吸引到面试官的眼球。如果要给现在正在读高一、高二的学生一些包装建议，最理想的方法就是关注他真的喜欢什么，然后由他的兴趣爱好出发，做出有成绩的事情，这个特质就会很吸引面试官的眼球。确定了特长的总方向，在小细节方面就可以参加哈佛寒暑假游学，这样在面试的时候，面试官就会认为你对哈佛有所了解，这就会给你的面试成绩加分。

从这里启程，走向北大，走向哈佛

3. 哈佛2012年在中国的招生情况。

2012年，哈佛在中国区总共面试了51人，这其中也包括很多在中国生活的外国人。今年就面试过一个人民大学附属中学的学生，他的学习成绩特别棒，但除了学习好之外完全没有自己的特色。我们面试官觉得也许他可以往学术方面培养，但是后来发现这样的孩子太多了，都是奥

哈佛燕京图书馆

数、奥赛成绩很优秀，在面试时感觉他们很呆板，机械地回答我的问题，所有问题像是提前准备好的一样，这样给人的感觉就很不好。

哈佛希望招收的学生必须要在拥有很强的学习能力基础上还要有自己的特点，要与众不同。然而中国的教育评价都是以学习成绩为主，所以每年哈佛在中国区录取的学生数量都比较少。

从这里启程，走向北大，走向哈佛

4. 哈佛游学：不得不感受的哈佛图书馆。

一般国内哈佛的游学机构的安排时间为3~4周，其中包括由哈佛老师教授1~2周的课程，同时也会参观校园或到波士顿、纽约等周边的城市旅游感受一下，跟正常的国外旅游一样，但其最大的特点就是让你能亲身感受哈佛的校园和课堂。

哈佛大学的学生会或学院等一些组织，也很愿意为国内到哈佛游学的学生提供一些服务，比如哈佛肯尼迪学院，研究生院，哈佛商学院学生会等。一个大学的好坏，取决于图书馆，哈佛游学活动中最值得感受的内容之一就是"哈佛图书馆"，我们来领略一下哈佛图书馆的风采。

图书馆共十层，每一层有东西两部分，而且有无数的门。有的门是紧急通道，有的门必须是特定人员才可以刷卡通过。同一层的书库东西两个方向有的是相通的，有的是不相通的，比如第一层。要想从某一层的东边书库走到西边书库，必须先上一个楼层，从上面楼层的东边书库走

哈佛·柏拉图学习法

到西边书库，然后再下一个楼层。而且，不同楼层的书库之间有的是电梯，有的是楼梯。每一层的电梯，都有好几个方向的门。而且，有的电梯在有的楼层是不停的，还有的电梯只能上，不能下。比如从Widener图书馆后门也就是南边小门进来后，有电梯直接到达书库。但是对不起，你可以从这里进入书库，但不能通过书库从这个电梯出门。有的楼层的书库南北不通，还有的书库被隔成好几间。

更为厉害的是，有个长长的地下通道，直接通到附近的Pursey图书馆。这个Pursey图书馆基本上收藏的是经济类图

馆中藏书

从这里启程，走向北大，走向哈佛

馆中藏书

书，也包括地图之类。问题是，它和Widener图书馆一样，也是一个迷宫。不小心进来，再想回到Widener图书馆又成了一个艰巨的走迷宫任务了。

我曾在这里面迷路过好几次。最近我在一个管理员的桌子上发现了一张字条，我把它拍了下来。字条中说得太有道理了，在Widener图书馆，没有罗盘、三明治和口哨，是无法生存的。

> "My daughter Lucy, class of '61, once said to me that she could not enter the labyrinth of Widener's stacks without feeling that she ought to carry a compass, a sandwich, and a whistle."
> —— Barbara Tuchman, *Practising History* (1963)

一张小字条

哈佛图书馆雪景

结束语

这不仅仅是一本介绍学习方法的书，也是"基于组织的个体学习法"的通俗读本，更是一本强调不断发现自己、挑战自己、激励自己的知行笔记。

将此书名定为《哈佛·柏拉图学习法》，并非想谋取所谓的思想高度光环，亦不是追求做与众不同的形式。其实原本"去哈佛上大学，与柏拉图为友"每个人都可以，只不过大多数人"不敢想、不会做、不知道"，这条路上也就只剩少数人了。

在编写此书的时候，我们有7个小学友随书共同成长。感谢这些孩子家长对笔者的信任。最终这些孩子都取得了骄人的成绩。